AF598872

# Poèmes d'amour et d'autres choses

Evellyn Almeida

# Poèmes d'amour et d'autres choses

*Recueil*

LE LYS BLEU
ÉDITIONS

ISBN : 979-10-422-0893-6

Et encore une fois ce n'était pas comme ça que j'idéalisais
J'ai tendance à confondre constamment les sentiments dans ma vie
Je donne un sens à des choses qui n'en valent pas
la peine la plupart du temps
et je me trompe presque toujours dans mes intuitions
Je suis toujours à un pas d'abandonner mais à la fin
c'est le cœur qui commande en moi !

J'ai l'impression que le monde vit autour de moi mais
moi je ne vis pas
hier encore
J'ai pensé à comment ce serait
si la vie avait un manuel de survie
et pourquoi je « transcends » toujours ?
expression utilisée par un de mes amis pour
dire que je pense toujours loin
peut-être que je fuis la réalité
mais pas pour la douleur
ou pour ne pas savoir quoi faire
je suis consciente que ce que je veux ne dépend pas
seulement de mon bonheur
après tout je
pense aux autres
ça doit être ce qui compte le plus pour moi
en dépit d'être une personne égoïste !

un jour, elle m'a dit d'être
qui je suis vraiment
parce que quand je suis à ses côtés,
les jugements ne semblent pas offensants ou négatifs,
elle sera toujours une personne distraite
mais jamais jamais
Comprise
parce que son amour a été volé tôt
et la douleur est devenue une partie de son péché
pourquoi tant de douleur ?
elle n'était qu'une petite fille !

Elle
qui porte tout le ciel dans son visage
mais je t'assure que
C'est beaucoup plus fort que de regarder un paysage
plus beau que le soleil
et beaucoup plus rare qu'une constellation
contempler l'océan dans tes yeux
l'automne de tes cheveux
et l'hiver de ton cœur
plus complexe que l'infini
mais je vois l'univers
À travers son sourire

Personnes
pas
trottoirs
détachements et câlins
Je suis à un pas du Paradis
loin de chez moi
et à un pas de la vérité
où est-elle ?
la fameuse « joie »
Je traîne dans des endroits calmes et troublés
et je le fais encore
mon propre trou
je connais l'abîme
je me suis créée
avec mes propres pieds
le monde est un moulin
une chanson qui porte un grand mystère
me rappelle

je suis sur le point de dire adieu
quelque chose m'a consumée
comme
tout a consommé !
c'est peut-être la joie ?!
je n'attends rien de moi

parce que ce que je dis n'est pas toujours ce que je fais
Je trace des lignes
j'écris en détail
mais que dois-je faire de ce que je ressens vraiment ?
Je m'inquiète du raccourci
et surtout je m'évade !
mentir à moi-même
c'est le cadeau que j'ai !
et je ne me retrouve plus dans l'espace…

sans toi ma joie sera toujours triste !
mais je vais aller la chercher, comme tu me l'as dit
« elle est en nous, ma petite »
je n'oublierai jamais
serait-elle une personne ?
Je l'ai sûrement perdue
je dirais qu'en janvier !
mais je la trouverai un jour dans l'éternité !

au lever ou au coucher du soleil
la vérité doit être dite
Aussi splendide, extraordinaire et divine qu'elle soit
la joie reste une utopie
et on ne peut pas la retrouver d'un coup à Paris
ou dans un lac à Annecy
mais
nous resterons éblouis
à chaque fois qu'on parle d'elle
« la fameuse joie » !

pourquoi s'allonger à côté d'inconnus
si ce n'est pour une longue conversation ?
elle est perdue depuis longtemps
et ne sera peut-être jamais retrouvée !
Je n'essaierai jamais de la sauver
car je sais que malgré le vol
sa pureté est toujours gardée !

le seul souhait que j'ai
est de déchirer ta poitrine avec mon amour
mais n'aie pas peur de moi
Suis-je une femme ou un monstre ?
ne doute pas
cet amour est sauvage
et je mordrais chaque partie
de ton corps pour te prouver
que cet amour est sauvage !

laisse-moi en faire une fête
Et crier au monde que c'est ce que je veux

Je désespère de désir à chaque fois que je te vois

tu connais mon plus grand
rêve

plonger dans ton volcan
en éruption
pourquoi si intense ?
Ne sais-tu pas que cet amour est ce qui me sauve ?

et je te dévore
quand tu me regardes et
tu n'as même pas besoin de dire
Qu'est-ce que tu veux
ton corps me donne tous les
signaux
tu es mon destin
ma passion
et mon amour pur

J'aime ton amour féminin
ta puissance divine
Et l'effet brutal
qu'est-ce qui cause ton toucher
Je te mettrais mille fois dans socles infinis

la synchronisation des corps
enfermant la sueur des âmes
transpirations
touchers et désirs
oscillant entre
profondeur et intensité
froid ou chaud
tout dépend de la coupe
amer comme du miel
désespérés
enchantés
destinés à la fin
et incapables de dire au revoir
c'est la mort la plus meurtrière
et la plus littérale
une évasion de l'irréel
et un abandon parfait à ce qu'il y a de plus réel en nous

Je n'arrive pas à y croire
quand ils la jugent
pour quelque chose d'aussi impur
alors que j'ai pleinement conscience
que c'est vraiment de cela qu'elle s'occupe.
Je la connais
et surtout je la désire,
c'est un pur désir,
mais plein de mauvaises intentions !

je suis amoureuse de lui
et je le sais depuis
mais je n'oserai jamais lui dire
mon corps clame son amour
mais je n'oserai jamais lui dire
chaque larme
qui coule dans mon esprit
mon âme crie
mon cœur hurle
mais je n'oserai jamais lui dire
je le veux comme ça
exactement comme ça
libre et amoureux de la vie
mais je n'oserai jamais lui dire
j'ai ouvert sa cage
et je suis contente
pas de ne pas lui dire
mais de savoir qu'on
partage le même sentiment
et je n'oserai jamais lui dire !

J'ai peur de te traiter
comme les autres te traitent
car je sais que
mon désir va au-delà de ton corps
et va au-delà de ton âme.

tu mens quand tu dis que tout va bien
quand en fait
tout te manque
et vivre n'a plus de sens
ça fait mal quand ils parlent du passé
et tout semble si ennuyeux et ennuyeux
ce sont des jours difficiles pour les amoureux
et pour les incompris

Imagine seulement
toi et moi
nos corps enlacés
au milieu du chaos !

la solitude en nous
crie l'une pour l'autre !

même si je dis ne pas penser à nos moments chaque
minute avant d'aller dormir !

Je mens avec des déclarations négatives !

s'il y a un sentiment plus fort que l'amour
J'ose dire que je parle de ça !

Imagine toi et moi
Peut-être que la troisième guerre mondiale est plus
proche que cette hypothèse !

À qui pense-t-elle quand elle est seule
et sans clients ? quels sont ses désirs
quand ils ne lui sont pas imposés ?
et quand elle est triste, pense-t-elle à la mort ?
quel serait votre salut ?

je peux dire que je suis tombée amoureuse plus de
300 fois cette année
Et c'est définitivement quelque chose à propos de ma
sensibilité
parce que je suis comme ça
Je flirte avec la pluie d'un matin ensoleillé
et parfois j'embrasse la lune à 13 h
ressentir follement une impulsion
mais je ne dirais pas que je suis impulsive
Même parce que
résolument
ce n'est pas quelque chose à propos de l'amour
et encore moins de mon (esprit) d'opposition

seulement avec l'imagination
il ne faut pas grand-chose
je peux sentir
rien que le baiser
et le toucher
chant des dieux
Ou même des oiseaux
Je prie pour que ça ne finisse pas

moment instantané
pas d'urgence pour
finir
j'étouffe avec l'oreiller

les lettres et les côtés
me font penser
Dans la même direction
même sens (a*c*tion)
sentir
Et
sentir

écrire au bout des doigts
tracer des détails
lettres et côtés
profond et mortel
fatale, fatalement illégal
et étonnamment
surréel !

quand elle dort
je lui envoie des poèmes
par télépathie
pour adoucir ou pimenter ses rêves
quand elle se réveille je les rends réels
après tout c'est mon devoir
elle est ma muse
mais moi je suis son instrument
je me sens déchiffrée
mais pas complètement
comprise
et tout va bien
parce que l'incertitude semble-t-il
insignifiant à ses côtés

vents forts
que j'assimile toujours
comme un rêve
le désespoir
ou la solitude
tous liés à quelque chose
irréel
mais qui consomment

aujourd'hui j'ai lu quelque chose qui m'a rappelé
– elle –
si c'était un rêve
j'apprécierais plus
c'était peut-être un cauchemar
mais quel cauchemar
s'il n'y avait pas de rêve ?

et c'est toujours au meilleur moment
que le vent devient plus fort
et me rappelle une fois de plus
qu'en dépit d'être un rêve
il te consomme

c'était toujours une journée ensoleillée
ou une nuit froide
le vent était toujours le même
avec la fumée de tes cigarettes
oh ce câlin me manque
serré

c'était exactement ce mois-ci
(Janvier)
que j'ai perdu mon grand amour
un jour qui malgré le soleil
il pleuvait
j'ai transformé mes larmes
dans les gouttes de pluie
le deuil a été exposé en mer
qui a débordé

je voulais crier
pourquoi mon amour ?
non mon amour non
mais j'ai perdu
J'ai perdu tous mes rêves à ce moment
et puis tout ce qu'il me restait était
Le cauchemar
mais quel serait le cauchemar
si le rêve n'existait pas ?
le rêve d'être toujours à tes côtés
et de t'entendre chanter
ou parlez-moi d'un poème que vous avez aimé

que serait mon art sans toi
Graça ?
la femme la plus douce et la plus amère
que j'ai jamais vue
dans tous mes rêves
c'est vous
et ne peut pas
arrêter d'être un cauchemar !

quand le sentiment
de solitude
est plus grand
que le désir d'embrasser la vie,
il dépasse le cœur de votre âme
pensez-vous qu'il n'y a
pas de salut
pour ceux qui ont été si blessés ?
la vie injuste de ceux qui
n'avaient pas le choix entre
être ou avoir
dans n'importe
quel endroit ou état !

Je serais capable de courir sur toutes les routes possibles
dans cet univers pour trouver ton amour
et je remonterais des millions d'années quand tous les chemins menaient à Rome
quand tous les continents se sont rencontrés
juste pour pouvoir marcher jusqu'à toi
Je naviguerais vers Jupiter
pour ton toucher profond
Je serais capable de mourir et tuer
pour un baiser, et ça n'exprime même pas le tiers de mon intensité

la fuite fatale
des mots quand
mes mains
reposent ton corps
sur un lit si petit
et qui ne nous appartient pas
est étrangement agréable
la transparence me semble normale
à tes côtés
et il n'a pas toujours été ainsi !

l'amour n'est pas un sentiment
explicite quand il s'agit de nous
l'amitié et la camaraderie
sont naturelles
et le désespoir de fuir tout cela
semble effrayant et consommer
quelque chose me semble si mal
l'omission désagréable
et le choix de cacher mes sentiments
pour ne pas ressembler
qui je suis vraiment
et te faire peur avec tout ce chaos
qui à mon avis ne te plairait pas !

Imprimé en Allemagne
Achevé d'imprimer en octobre 2023
Dépôt légal : octobre 2023

Pour

Le Lys Bleu Éditions
40, rue du Louvre
75001 Paris

LE LYS BLEU
ÉDITIONS

www.ingramcontent.com/pod-product-compliance
Lightning Source LLC
Chambersburg PA
CBHW062348010826
49168CB00024B/312

* 9 7 9 1 0 4 2 2 0 8 9 3 6 *